El autor agradece a la comunidad francesa su apoyo.

© 2009, Editorial Corimbo por la edición en español
Av. Pla del Vent 56, 08970 Sant Joan Despí, Barcelona
e-mail: corimbo@corimbo.es
www.corimbo.es
Traducción al español de Rafael Ros
1ª edición, noviembre 2009
© 2009, l'école des loisirs, París
Título de la edición original: «C'est à moi, ca!»
Impreso en Bélgica por Daneels
ISBN: 978-84-8470-338-9

Michel Van Zeveren

¡Esto es mío!

En la jungla, la peligrosa jungla...

... una ranita encuentra un huevo.

— ¡Croa-croa!
¡Esto es mío!

Ssss...

Ssss...

Ssss...

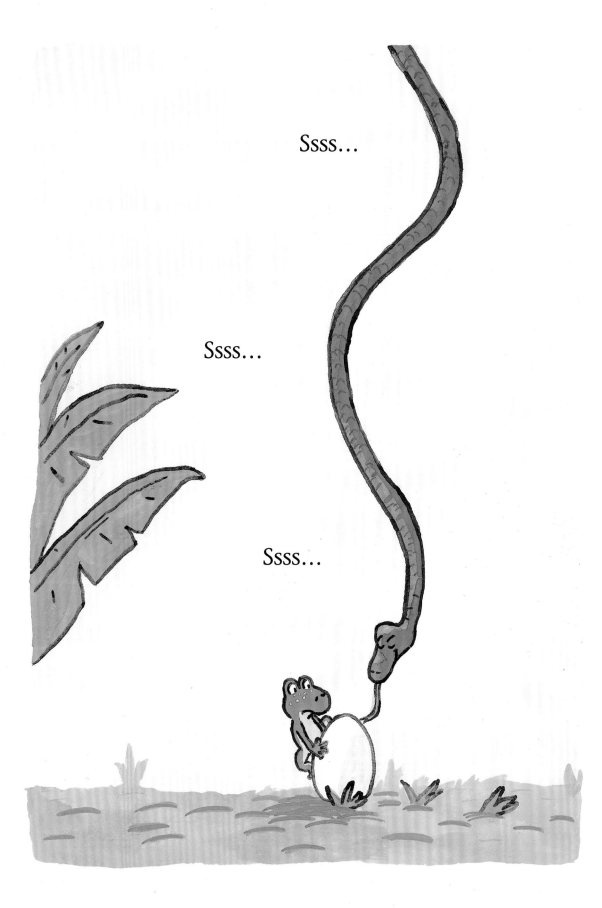

—¡Esto es mío!

—dice la serpiente.

¡Tut!

¡Tut!

¡Tut!

—¡Es mío!

—dice el águila.

¡Hum!

¡Hum!

— ¡Es mío!

—dice el dragón.

— ¡No, es mío!

—dice el águila.

¡No, es mío!

—dice el dragón.

Pero en la disputa,
el huevo se les escapa.

Y va a caer...
¡a la cabeza de un elefante!

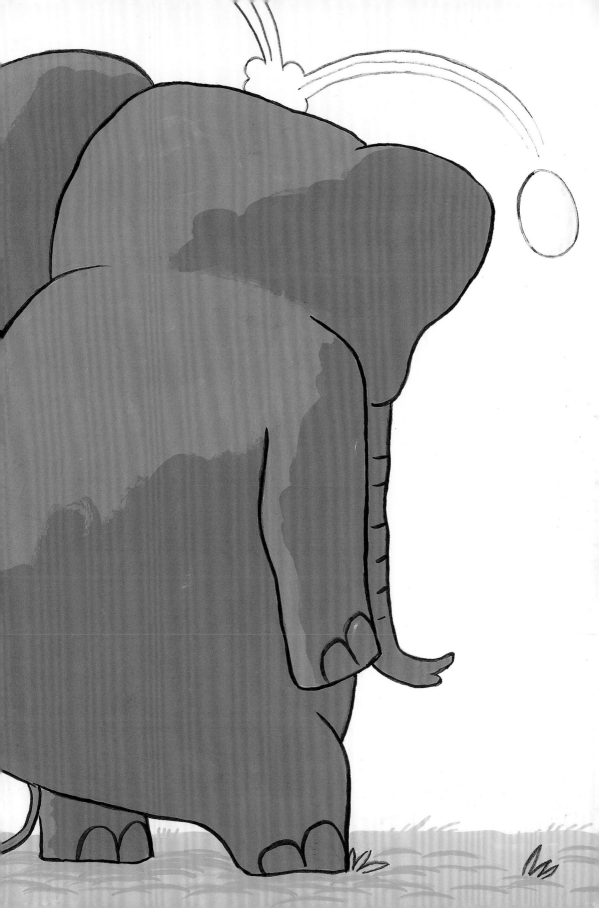

— ¡Ay! —dice el elefante,

que ahora tiene un chichón en la cabeza.

— Entonces, te lo devuelvo

—dice el elefante.

—¡Croac-croac!
Finalmente,
¡esto es mío!
—dice la ranita.

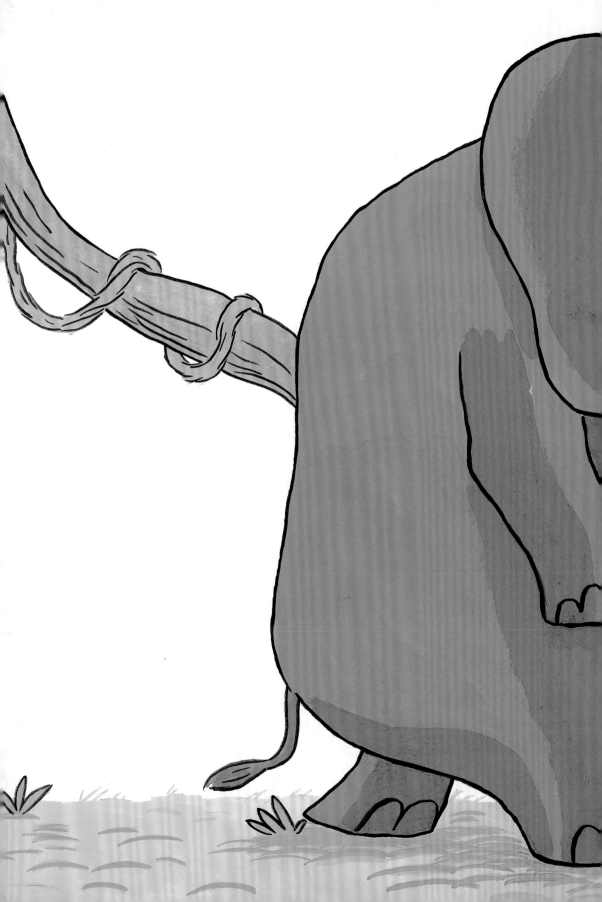

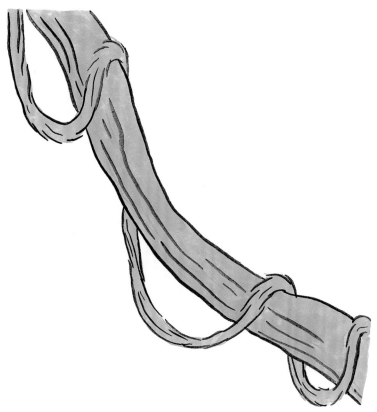

Pero en ese momento,
el huevo se rompe...

Y sale…
¡un cocodrilo!

Que al ver a la ranita, dice:

— ¡Esto es mío!